ジブン未来図鑑

JIBUN MIRAI ZUKAN

1

食べるのが好き！

パティシエ　　シェフ　　すし職人　　料理研究家

CONTENTS
ジブン未来図鑑 職場体験完全ガイド＋

ピンとくる仕事や先輩を見つけたら、巻末のワークシートを記入用に何枚かコピーして、手もとに置きながら読み進めてみましょう。

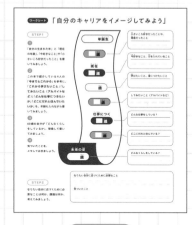

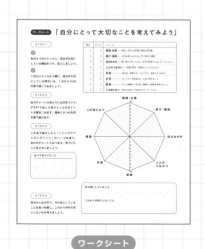

ワークシート
「自分のキャリアをイメージしてみよう」

ワークシート
「自分にとって大切なことを考えてみよう」

このワークシートは、自分の未来を想像しながら、
自分が今いる場所を確認するための、強力なツールです。

STEP1から順にこのワークに取り組むと、
「自分の得意なこと」や「大切にしていること」が明確になり、
思わぬ気づきがあるでしょう。

そして、気づいたことや思いついたことは、
何でもメモする習慣をつけるようにしてみてください。

迷ったとき、くじけそうなとき、記入したワークシートやメモをふりかえれば、
きっと、本来の自分を取り戻し、新たな気持ちで前へと進んでいけるでしょう。

さあ、わくわくしながら、自分の未来を想像する旅に出かけましょう。

ボンボヤージュ、よい旅を！

ジブン未来図鑑編集部

ジブン未来図鑑

キャラクター紹介

「動物が好き！」
メインキャラクター
アンナ
ANNA

ムードメーカー。友だちが多い。
楽観的だけど心配性。

「食べるのが好き！」
メインキャラクター
ケンタ
KENTA

「おしゃれが好き！」
メインキャラクター
ユウ
YŪ

人見知り。ミステリアス。
独特のセンスを持っている。

「演じるのが好き！」
メインキャラクター
カレン
KAREN

リーダー気質。競争心が強い。
黙っているとかわいい。

参謀タイプ。世話好き。
怒るとこわい。食べるのが好き。

「デジタルが好き！」
メインキャラクター
ダイキ
DAIKI

ゲームが得意。アイドルが好き。
集中力がある。

MIRAI ZUKAN 03

すし職人

MIRAI ZUKAN 04

料理研究家

PATISSIER

パティシエ

パティシエ
って？

資格は
必要なの？

毎日その日に
全部つくるの？

どんなことを
勉強するの？

パティシエってどんなお仕事？

ケーキやチョコレート、クッキー、デザートなどの洋菓子をつくるのが仕事で、美的なセンスがもとめられます。どんな職場ではたらくかによって作業が変わってきます。たとえば洋菓子を販売するお店の場合、小さいお店だと、たくさんの種類の洋菓子の生地やクリームづくりから、焼いて仕上げるまで担当することが多いです。大きなお店だと、作業を分担したり、決まった洋菓子だけを担当したりします。ホテルやレストランの場合は、皿への盛りつけまでまかされることも多いです。

オリジナルの洋菓子を考案するのも大事な仕事です。そのために、新しい素材や流行のお菓子を研究したり、センスをみがいたりすることが必要です。

給与
（※目安）

15万円
くらい〜

長時間労働のわりに初任給は低め。はたらき方改革で改善方向に。自分のスタイルを求めて、転職や独立をすることで、高い収入を得ることも可能です。

※既刊シリーズの取材・調査に基づく

（ パティシエに なるために ）

ステップ 1
専門学校で 製菓の基礎を学ぶ
調理師学校・製菓専門学校や短大・大学などで製菓についての知識・技術を学ぶ。

ステップ 2
お店で経験を積む
採用試験を受け、洋菓子店やホテル、レストラン、お菓子メーカーなどに就職する。

ステップ 3
自分のスタイルを 究める
海外ではたらく人や、独立して自分のお店を開き、オーナーパティシエとなる人も。

こんな人が向いている！

お菓子づくりが好き。

手先が器用。

探求心がある。

根気がある。

体力がある。

もっと知りたい

専門学校などで洋菓子製造に関する知識と技術を学び、洋菓子店などに就職するのが一般的です。パティシエになるために必須の資格ではありませんが、「製菓衛生師」や「菓子製造技能士」の国家資格を取得すると、技能の証明として強みになります。

パティシエ 石井英美さんの仕事

お店の看板商品やマカロン、生菓子の仕上げなどを担当

石井英美さんは、東京都目黒区にある洋菓子店のオーナーパティシエです。9人のスタッフといっしょに、ケーキなどの生菓子や、クッキーなどの焼き菓子、クロワッサンなどのパンをつくっています。

開店までに、多くの商品をつくってお店のショーケースにならべなければなりません。そのために、お菓子づくりの作業は分担して行っています。下準備となる粉を計量したり、卵や生クリームを泡立てたり、クッキー生地を仕込んだりといった作業は、スタッフがローテーションを組んで行います。

石井さんは、マカロンやお店の看板商品である「パリブレスト」をつくったり、クロワッサンの折り込み生地をつくったりするほか、生菓子の仕上げの部分を担当しています。

石井さんは自分のお店を開く前に、マカロンで名高いフランスのパリにある老舗の日本店で、マカロンの製造部長をつとめていました。そのため、マカロンづ

くりにはこだわりがあり、今のお店でもパリの伝統的な製法を守って、石井さん自身がマカロンの製造を手がけています。とくに、マカロン特有のつるりとした表面の仕上がりに欠かせない、生地の混ぜ合わせ具合のタイミング（マカロナージュ）は、石井さんが経験を重ねてきたなかで身につけた感覚のため、なかなかその技術をスタッフに伝授しにくいのです。

パリブレストはお店を代表するお菓子です。フランスの都市、パリとブレストの間で行われる世界最大の自転車レース、ツール・ド・フランスを記念して自転車の車輪を模した伝統的なフランス菓子をベースにしています。シュー生地にはさむ、カスタードクリームやバタークリーム、ナッツのペーストを混ぜ合わせた、

マカロンをつくっています。商品の質を左右するクリームづくりや最後の仕上げなどは石井さんが担当します。

パリブレストの仕上げ段階です。伝統的な製法を守りながら、石井さん独自のアレンジを加えています。

絵コンテには、イメージしたお菓子の構造、使用するクリームやスポンジ、果物の種類などをかきいれます。

ムースリーヌクリームとよばれるクリームを石井さんがつくっています。それぞれのクリームの温度管理がむずかしく、しっかり行わないと分離して、商品の質に影響してしまいます。クリームの温度は、混ぜているボウルの外側に手を当てたり、クリームの状態を目で見たりして温度計を使わずにたしかめます。

また、クロワッサンのサクッとした食感を出すには、生地の層をきれいにつくることが重要です。そのため、生地にバターを折り込む工程も石井さんが担当しています。この作業には熟練した技術と、手間をおしまないていねいな仕事がもとめられます。

スタッフと連携しながら、石井さんが製造のポイントをおさえ、美しく仕上げたお菓子やパンは、多くの人を魅了し、お店はいつもおおぜいのお客さまでにぎわっています。

取り引き先からの依頼で、季節やテーマのある商品を開発

お店のお菓子は、デパートの催事や、雑誌が運営する通販のウェブサイトなどでも販売します。それらの取り引き先からは、季節の行事や食材などをテーマにした新商品の開発・製造の依頼が入ります。

石井さんは日ごろから、新しいお菓子のアイデアがうかんだり、使ってみたいと思う食材に出あったりしたときには、メモ帳などに書きとめています。新商品の注文を受けると、メモを見ながら要望に合うようなお菓子のイメージを固め、それを絵コンテに表します。そして材料の配合などを考えてレシピをつくり、日々の作業のあいまに試作を行います。

試作品は、材料の分量のバランスや、クリームの種類、焼き方、材料のメーカーや産地など、組み合わせをいろいろ変えて、1つの商品に対して8～10パターンつくります。試作品ができると、近くで作業をしているスタッフに試食してもらいます。スタッフの感想も参考にしながら、最終的には石井さんが判断し、商品化を決定します。

石井英美さんの1日

朝8時から開店に向けてお菓子を仕上げ、午後には翌日の仕込みなどを行なう石井さんの一日を見てみましょう。

取り引き先に商品情報を送ったり、クッキー缶の発注をしたりします。

スタッフは7時から作業をはじめています。入店したら店内をチェックします。

5:30	6:30	8:00
起床・朝食	事務仕事	出勤

23:30	20:30	20:00
就寝	帰宅・夕食	ミーティング

連絡事項の確認のほか、スタッフの仕事への意欲が高まるような話をします。

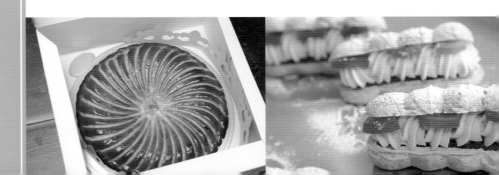

9:00 / 10:00

パリブレストのムースリーヌクリームをつくり、シュー生地にしぼり出します。

ケーキを組み立てたり、クリームやフルーツをかざったりして仕上げます。

開店10分前には生菓子などの商品をショーケースにならべます。

焼き上げた生地にチョコレートクリームをしぼり出し、もう一つの生地でサンドして仕上げます。

9:00
パリブレストづくり

10:00
生菓子の仕上げ

10:50
開店準備

11:00
開店

11:10
マカロンづくり

17:30
閉店・清掃チェック

16:30
経理事務

14:00
翌日の仕込み

13:00
昼食・休憩

12:00
クロワッサンづくり

点検表で清掃ポイントをチェックし、スタッフに衛生管理を徹底させます。

ムースやシュー生地、ジャムなど、保存がきくものは前日に仕込みをします。

近くの自宅にもどり、飼っている猫のようすを見てから昼食をとります。

パイシーターでのばした生地にバターを折り込みます。

20:00 / 11:10

INTERVIEW インタビュー

石井英美さんをもっと

なぜパティシエになりたいと思ったのですか?

もともとお菓子が大好きで、家でもお菓子のレシピ本を見ては自分なりにケーキをつくっていました。実家の保育園ではたらいていたあるときに、時間ができてお菓子教室に通ったんです。その教室では本職のパティシエが教えていて、教わったとおりにつくったら、お店で売っているようなお菓子ができたことに、とても感動しました。それまで自己流でつくっていたものとはまったくべつのもの。こんなお菓子をつくる人になりたいと思ったのが、この道に進んだきっかけです。

パティシエになるための勉強はどのようにしましたか?

製菓の理論や技術は専門学校や研修先の洋菓子店で身につけました。フランス語の料理用語や数字が聞き取れるように、テレビやラジオの講座で学んでからフランスへ行きました。また、大学卒業後に就職したアパレル会社で、洋服をたくさん見た経験は、ケーキの形や色を考えるときに生かされています。

パティシエとして苦労したことはありますか?

女性が少ない職業だったので、体力的な面などでくやしく感じたことはありました。でも、重いものは何回かに分けて運べばよいし、ある程度機械化もされているので、仕事は支障なくやってこられました。性別を意識して思いなやんだり、へこんだりしてしまうと、コミュニケーションもうまくとれなくなるので、性別や年齢のことはネガティブにとらえないようにしながら仕事をしています。

この仕事をしていてよかったと思うことは?

自分が表現したいことや、大切にしてきたことをお菓子の形にして、そのお菓子をお客さまに評価していただき、支持されているのが目に見えてわかることです。お菓子をつくることで、自分の人生を生きていると実感できるのが楽しいです。また、「自分がどういうお菓子をつくりたいか」といったことについて、同業の人たちと意見を交換することで、きずなが深まっていくことも、よかったと思えることです。

これまでで強く印象に残っていることは?

わたしは家業をつぐ予定で実家の保育園ではたらいていたので、製菓の道に進もうと決意し、製菓学校に入学することを両親につげたときには、猛反対されて家から追い出されるだろうと覚悟していました。け

知りたい

れどその予想ははずれ、入学をみとめてくれたのです。その後、収入のない状態でフランス留学はむりだろうとあきらめかけていたわたしに、「文無しになってもいいから挑戦しなさい」と言ってくれたのが父でした。それまでこんな風に父に叱咤激励された経験がなかったので、印象に残っています。

　パティシエになってからは、下積みのころ何度も講習会に出かけ、あこがれていた製菓業界の巨匠がわたしのお店に来られ、のちに「彼女のお菓子には人がらが出ている」とおっしゃっていたことを人づてに聞いたときのことが印象深いです。自分ができる仕事をコツコツと重ねていけば、かならずだれかに見てもらえるときがくるのだと、うれしかったです。

ケンタからの質問

毎日ケーキをたくさん食べて太ったりしないですか？

　砂糖やバター、生クリームを使うケーキは、たしかにエネルギーが高いです。でも、そのケーキを毎日食べ続けるパティシエの人が、みんな太っているかといったらそんなことはありません。試食するときは、小さくカットしたものを味見するので、10種類のケーキを食べたとしても全部でケーキ2個分ぐらいです。それに、パティシエはよく体を使う仕事です。とったエネルギーはじゅうぶんに消費されるので、太る心配はありませんよ。

わたしの仕事道具

口金

口金は、生地やクリームなどをしぼり出すときに、袋の先につけて使います。丸型や星型のほか、花びらをつくる細型など、用途に合わせて使い分けます。星型などいくつかは、使い勝手のよさから製菓学校時代の実習セットのものを今も使っています。

みなさんへのメッセージ

自分がやりたいと願ったことは、自由に行動にうつしていきましょう。そしてその行動に対しては責任をもってください。自由と責任、この2つを大事にすると、人生はゆたかなものになると思います。

プロフィール

1972年東京都生まれ。大学卒業後、アパレル会社、実家の保育園ではたらいたのち、28歳で製菓専門学校に入学。卒業後、同校のフランス校で学び、現地の製菓店で研修を積みます。帰国後はマカロンの名店でマカロン製造部長をつとめ、2014年に洋菓子店「アディクト オ シュクル」を開業。

石井英美さんの今までとこれから

1972年誕生

10歳

実家が保育園という環境で育ったこともあり、音楽の先生になるのが夢だった。

12歳

両親がパウンドケーキなどをつくるすがたに影響を受け、ときどきお菓子をつくるようになる。

24歳

大学を卒業後、アパレル会社勤務を経て、両親がいとなむ保育園の運営を手伝う。

今につながる転機

お菓子教室に通ったのをきっかけに、パティシエの道に進むことを決意。製菓専門学校に入学する。

28歳

製菓専門学校のフランス校で学び、帰国後はフランス菓子店につとめ、技術をみがく。

29歳

フランスの老舗菓子店の日本店でマカロンの製造部長などをつとめたあと、東京都目黒区に洋菓子店「アディクト オ シュクル」を開業する。

42歳

店をきりもりしながら、スタッフ9名と生菓子、焼き菓子、パンなどをつくる。開業から7年、売り切れる商品も出る人気店に。

現在

49歳

未来

65歳

お店を広くしてスタッフがはたらきやすい環境を整え、若い人材の育成にも力を注ぎたい。

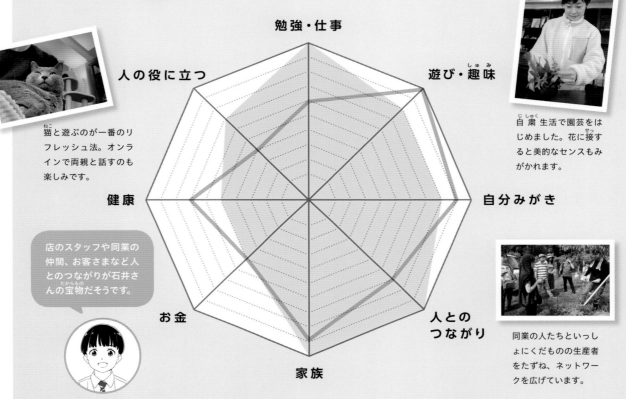

石井英美さんがくらしのなかで大切に思うこと

中学1年のころ
現在

勉強・仕事
遊び・趣味
人の役に立つ
自分みがき
健康
人とのつながり
お金
家族

猫と遊ぶのが一番のリフレッシュ法。オンラインで両親と話すのも楽しみです。

自粛生活で園芸をはじめました。花に接すると美的なセンスもみがかれます。

店のスタッフや同業の仲間、お客さまなど人とのつながりが石井さんの宝物だそうです。

同業の人たちといっしょにくだものの生産者をたずね、ネットワークを広げています。

石井英美さんが考えていること

自分の思いや考えていることはことばにしてきちんと伝える

　最近、お店のショーケースを新しくしました。1段のタイプで、ならべたケーキの一つ一つが美しく見えます。スタッフとのミーティングではショーケースが新しくなることだけではなく、その理由について、心を込めてつくったお菓子が魅力的に見える喜びをみんなに感じてほしいし、みんなの仕事の価値をお客さまにもみとめてもらいたいから、ということも伝えました。それを聞いて、スタッフの仕事への意欲がましたように感じます。

　それはお菓子づくりにおいても同様で、「見ていたらわかる」ということはせず、伝えたいこと、教えたいことはことばにして伝えるようにしています。お菓子づくりにはチームワークが不可欠です。考えていることをきちんと伝えて、みんながはたらきやすい、よいお店にしていきたいと思います。

CHEF

シェフ

シェフは
コックと
ちがうの？

？

料理をつくるのに
資格がいるの？

？

メニューは
自分で考えるの？

？

キッチンカーの
お店は自由に
出してもいいの？

？

シェフってどんなお仕事？

レストランや料亭などの飲食店で、料理をつくる人のことを調理師といいます。つくる料理の種類や、はたらいているお店によって、コック、板前など、さまざまな呼び方があり、洋食の場合は、コックという呼び方が一般的です。コックとして料理や調理への知識を深めて経験を積み、実力が認められるとシェフになることができます。シェフは料理長のことで、多くの場合、一つのお店に一人しかいません。シェフは、はたらいているスタッフをまとめ、新しいメニューを開発したり、提供する料理の品質を確認したりすることが主な仕事です。個人でお店を開いている場合は、お店の経営をしながら、シェフとコックの両方の役割を担うことになります。

給与
（※目安）

32万円
くらい〜

お店の大きさや、自分でお店を持つかどうかなどによっても収入は大きく変わります。シェフになるまで、収入はそれほど高くない場合が多いです。

※既刊シリーズの取材・調査に基づく

シェフになるために

ステップ 1　調理の技術をみがく
専門学校などで技術を磨く。試験を受け調理師の資格を取ると就職に有利なことも。

ステップ 2　お店でコックとしてはたらく
レストランなど、就職する飲食店を決め、コックとしてはたらきはじめる。

ステップ 3　昇格してシェフになるまたは、お店を開く
コックからシェフに昇格する。または、自分でお店を開いて、シェフになる。

こんな人が向いている！

ごはんを食べるのが好き。

向上心がある。

何事にも前向きに取り組む。

人に接するのが好き。

人を楽しませるのが好き。

もっと知りたい

国家資格の調理師免許は、シェフになるために必ず必要な資格ではありません。しかし、シェフをはじめとする多くの調理師は、調理師免許を取得しています。自分でお店を開く場合には、調理師免許か食品衛生責任者の資格を得ることが必要です。

シェフ
吉沢章一さんの仕事

つくったパエリアを、トレーに盛りつけてお客さんに提供します。多い日は、1日に140食以上つくって提供します。

できたてのパエリアを
キッチンカーから提供する

　吉沢さんは、東京都内で「TOKYO PAELLA（トーキョー パエリア）」という、スペイン料理のパエリアを提供するキッチンカーのシェフをしています。キッチンカーとは、調理設備のある車のことで、固定の場所にお店を持たず、食材を用意すればさまざまな場所で料理を提供することができます。吉沢さんは「メニュー決め」や調理、販売など、業務のすべてを一人でこなし、曜日ごとに決まった場所に出店しています。

　吉沢さんの一日は、料理の準備（仕込み）を行う仕込み場からはじまります。キッチンカーはどこにでも出店できるわけではありません。料理をつくって提供するには、各地域の保健所に届けを出し、国の定めた基準にしたがわなくてはいけません。そうした決まりの一つが仕込み場です。キッチンカーでできるのは、主に加熱をして盛りつけることで、野菜や肉を切るといった食材の仕込みは、仕込み場を用意して行う必要があるのです。食中毒などの予防のために、仕込み場での調理の前後にはアルコールを使っての消毒が欠かせません。

スープに米を入れているところです。仕込んでおいたスープに具材と米を入れて、パエリアを完成させます。

吉沢さんは、当日に仕込み場でスープをつくり、前日に仕込みを終わらせておいた食材と一緒にキッチンカーにのせて、出店先に向かいます。到着するとすぐ、開店の準備がはじまります。お店の見た目も大事なので、料理やキッチンカーの雰囲気に合わせて、メニューと値段が書かれた看板を設置します。外観を整えると、車内でパエリアをつくりはじめます。パエリア用の特別な鍋は10枚用意してきています。二つのコンロの上に鍋を置くと、仕込み場で切った肉や野菜、米と水などを入れて、火にかけてパエリアを完成させていきます。

お店が開店すると、キッチンカーの前にお客さまがならびはじめます。専用のトレーにできたてのパエリアと総菜を盛りつけ、温めたスープと一緒に提供し、会計も行います。接客をしながらパエリアをつくり続け、出来上がると鍋を交換していきます。営業時間が終わり、閉店したあとはお店の片づけです。看板やゴミなどを車にのせ、その場所をもとの状態にもどすと、出店先をあとにします。

スーパーで注文した食材をもとに 毎週メニューを考える

吉沢さんは、その日の営業が終わると、業務用のス

ーパーに立ち寄ります。週に1回、必要な食材や調味料などを一週間分まとめて注文しておいて、翌日の営業に必要な分を毎日買いに行くのです。季節や天候によって値段が変わるため、スーパーの担当者にも相談をしながら、一週間の間、安定した金額で購入できる食材を注文しています。出店先やその日の天気によって来客数が変わるので、食材があまらないように適切な分量を予想して買うことも大事です。

吉沢さんは毎週メニューを変えています。注文する食材が決まると、それをもとに次の週のメニューを考えます。「メニュー決め」は、シェフとしてのうでの見せどころです。食材には相性があり、どの組み合わせにすればおいしいパエリアができるのか、長年の知識をもとにパズルを組み立てるようにレシピを考えていきます。味だけではなく、料理の彩りにも気を使います。たとえば、イカスミのパエリアにした場合は、パエリアが黒色になるので、総菜に明るい色の野菜を取り入れるなどの工夫をしています。

スーパーで翌日の食材を買ったら、仕込み場にもどり使った鍋を洗い、食材を切るなど翌日の営業準備をします。切った野菜は温度や湿度に気をつけて鮮度を保つように保存しておきます。そして、翌日の朝、当日分の調理をしてキッチンカーに積み込み、また出店先へと出発します。

翌週使う食材について、スーパーの担当者に旬のものや値段などを確認しながら、注文します。

吉沢章一
さんの
1日

曜日ごとに決まった場所にお店を出している吉沢さんのある一日を見てみましょう。

仕込み場までは徒歩でも行ける距離なので、健康のために歩いて行きます。

6:30
起床・朝食

7:30
出勤

24:00
就寝

21:00
伝票の整理

その日の売り上げを計算して、帳簿にまとめます。

20:00
帰宅・夕食

テレビを見たりその日にあったことを話したりして、家族とすごします。

その日に提供するスープをつくり、仕込みの終わった食材や荷物をキッチンカーにのせて、出店先に出発します。

看板を出すなどして、お客さまの目にとまるようお店の外観を整えます。

キッチンカーの中でパエリアをつくり、スープに火を通すなど、提供する料理の準備をします。

8:00
仕込みと準備

9:00
出発

10:00
出店先に到着

10:15
開店準備

16:30
仕込み場にもどる

15:00
スーパーで仕入れ

14:00
閉店・片づけ

11:15
開店

洗い物をすませたら、パエリアやサラダ用の野菜を切ったり、翌日のスープの材料を用意したりします。

翌日に使う食材や調味料を調達し、同時に翌週に必要な食材の注文を行います。

周囲にごみが落ちていないか確認して、出たごみや看板を車にしまいます。

開店前からお客さまがならび、閉店までとぎれることがありません。

吉沢章一さんをもっと

シェフになろうと思った きっかけは何ですか？

　ぼくの実家はもともとそば屋だったので、高校を卒業したあと、調理師の専門学校に通いました。けれども、そば屋をつぐかどうかなやんでいました。就職した先は、レストランのホール係で、料理をつくる仕事ではありませんでした。ホールの仕事は数年で辞め、実家の手伝いをはじめたのですが、やはりどこかしっくり来ません。そんなときに、子どものころからの夢だった世界放浪の旅に出ることにしたのです。

　アメリカやヨーロッパ各地など、リュック一つでさまざまな国をめぐり、各地でたくさんの刺激を受けました。そのなかで立ち寄ったイギリスで、知人の経営している日本料理店へ訪問する機会がありました。その人は、以前に実家のそば屋を手伝ってくれていた人で、「よかったら私のお店ではたらいてみないか」と言われ、お世話になることにしました。これがきっかけで、本格的に料理の道に入ることになったのです。

パエリアのつくり方は どこで習ったのですか？

　日本料理店につとめたあと、もっと料理について学びたくなり、日本にもどってカリフォルニア料理のお店ではたらいていた時期がありました。そのお店で、スペイン人のレストランオーナーと知り合い、ぼくは彼がスペインで経営するレストランでシェフをすることになりました。そこでパエリアと出会いました。つくり方を教わり、現地のお店を食べ歩くうちにこの料理のお店を東京で出してみたいなと思うようになりました。当時はパエリアはもちろん、スペイン料理のお店が少なかったので、日本でパエリアのお店を開いてみるのもおもしろいのではないかと感じたのです。

どうしてお店ではなく キッチンカーにしたのですか？

　スペインから日本にもどったころ、家族と一緒に公園を散歩していて、キッチンカーが目にとまりました。当時はキッチンカーで料理を販売するのが一般的ではなかったのですが、妻が「やってみたら」とすすめてくれたのです。興味を引かれて調べていくうちに、店舗を設けるのとちがい、売れ行きに応じて営業場所を変えることができるというメリットもあり、やってみたいと思うようになりました。

キッチンカーのお店を出して 大変だったことはありますか？

　はじめの5年は売り上げが伸びず、とても苦労しました。あまってしまった料理を見て、途方に暮れた日もあります。ときにはお客さまからクレームが来ることもありました。けれど、より多くの人に食べてもら

知りたい

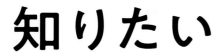

うために、お客さまのニーズに合わせて味を工夫したりしました。そうして、少しずつお客さまが来てくれるようになったのです。

> 仕事にやりがいを感じるときはどんなときですか？

お客さまがパエリアを食べて、おいしいと喜んでくれる姿を見るとやりがいを感じます。お客さまのなかには10年以上通ってくれている常連さんもいるんですよ。「今日はパエリアが食べられる日だから、会社に来るのが楽しみだった」と言ってくれる人もいました。そういうお客さまの声を聞くと、とてもうれしく感じますし、やめられないなと思います。

ケンタからの質問

> どうしたら上手に包丁が使えるの？

とにかく練習が必要です。ぼくも、はじめのころは、毎日包丁で指を切っていました。かけ出しのころは、とくに魚が上手にさばけなくて、先輩に何度もしかられていたんです。そのときは"魚恐怖症"になりかけましたね。うまく切れなかった食材はお客さまには出せません。まかない料理として自分で食べるのですが、とてもくやしい気持ちでした。そうした経験をしたからこそ、今は自信を持って調理ができます。

わたしの仕事道具

パエリア鍋

吉沢さんの使っているパエリア鍋は、パエリアの本場であるスペインでつくられたものです。直径は50センチメートルもあり、日本製のパエリア鍋より深いことが特徴です。一つの鍋で約10人分のパエリアをつくることができます。

みなさんへのメッセージ

興味を持ったことがあれば、何でもやってみてください。ときにはいやな思いをすることもあるかもしれないけれど、それもすべて経験になります。まずは挑戦してみるところからはじまるんです。

吉沢章一さんの今までとこれから

1970年誕生

12歳

料理をつくったり、絵を描いたり工作をするなど、ものをつくることが好きな子どもだった。

18歳

実家のそば屋をつぐ気はなかったが調理師専門学校に進学。その後、卒業してレストランのホール係になるが、退職して実家を手伝うことに。

今につながる転機

28歳

世界放浪の旅に出る。旅先のロンドンの日本料理店で、はたらいてみないかとさそわれる。

ロンドンの日本料理店でしばらくははたらき、一度日本にもどって、カリフォルニア料理の店ではたらきはじめる。

30歳

スペイン人のレストランオーナーに声をかけられ、スペインのバレンシアにあるレストランのシェフとなり、経験を積む。

34歳

現在

51歳

38歳で日本にもどったあと「TOKYO PAELLA」を立ち上げ、キッチンカーでパエリアの販売をはじめて現在にいたる。

未来

65歳

料理の仕事を続けたいので、パエリアレストランを開くのはどうかなとぼんやり考えている。

プロフィール

1970年、東京都出身。そば屋の息子として生まれる。調理師専門学校に通い、調理師免許を取得。その後、アメリカやヨーロッパなど世界各地を回り、料理人としてのキャリアをスタートさせた。スペインのバレンシアでパエリアと出あい、帰国後「TOKYO PAELLA」を立ち上げる。

吉沢章一さんがくらしのなかで大切に思うこと

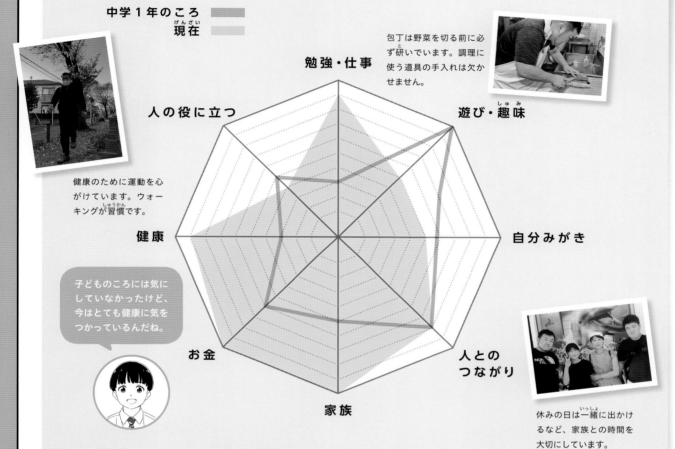

中学1年のころ
現在

包丁は野菜を切る前に必ず研いでいます。調理に使う道具の手入れは欠かせません。

勉強・仕事

遊び・趣味

人の役に立つ

自分みがき

健康のために運動を心がけています。ウォーキングが習慣です。

健康

子どものころには気にしていなかったけど、今はとても健康に気をつかっているんだね。

お金

人とのつながり

家族

休みの日は一緒に出かけるなど、家族との時間を大切にしています。

吉沢章一さんが考えていること

料理を続けるために
自分の健康を大切にする

　もともとは、自分のお店を持ってみたかったので、将来はパエリアのお店を開いてみるのもいいかなと思っていますが、なやみどころですね。いずれにしても、料理にはたずさわっていたいなと考えています。そのためにも、最近は健康に気を使っています。ぼく一人でお店を切り盛りしているので、スタッフの代わりがいませんし、健康でないとお客さんにおいしい料理を出すことができませんからね。

　ふだんから、意識的に運動をするようにしています。ウォーキングをしに外に出たり、自宅から仕込み場まで歩いて通ったりするなど、なるべく体を動かすように工夫しています。帰宅したらストレッチをして、体をほぐして明日に備えます。また毎年、住んでいる市で行われている健康診断を受けて、自分の体調を管理するようにしています。

SUSHI CHEF

すし職人
しょくにん

すし職人
しょくにん
って？

どうやって魚を
見分けるの？

どんな技術が
ぎじゅつ
必要なの？

弟子入りしたら
でし
すぐにおすしを
にぎれるの？

すし職人ってどんなお仕事？

にぎりずしやちらしずし、巻きずしなどをつくる仕事をする人を、すし職人とよんでいます。高級店ではたらく人もいれば、回転ずしのチェーン店ではたらく人もいます。すしをにぎるだけでなく、にぎる前にもさまざまな仕事があります。新鮮な魚の仕入れや、すし飯（シャリ）づくりのほか、魚をおろしたり、昆布や酢でしめたり、玉子焼きをつくったりするなど、お客さまにおいしく食べてもらうための仕込みなどの準備をします。

すしをにぎるためには、高度な技術がもとめられます。シャリとすしの素材（タネ）を合わせるにぎりでは、タネに合わせてにぎり方を変えることもあります。お客さまと話す機会も多いので、お客さまを喜ばせるサービス精神も必要です。

給与
（※目安）
20万円
くらい〜

修業期間も給料が出ますが、初めは低いことが多いです。なかには、家賃や光熱費などがかからない住みこみや、寮のあるお店もあります。

※既刊シリーズの取材・調査に基づく

すし職人になるために

ステップ 1 すし屋さんに弟子入りする
皿洗いやそうじ、接客をしながら、魚の知識や仕込みの技術を学ぶ。

ステップ 2 修業を重ねる
巻物や、タネとシャリを合わせるにぎりの技術を学んで、練習を重ねる。

ステップ 3 すし職人に
お客さまの好みに合わせてにぎり方を変えるなど工夫をする。独立して、自分の店を開く人も。

こんな人が向いている！

体力に自信がある。

根気がある。

探求心がある。

好奇心が強い。

人と話すのが好き。

もっと知りたい

世界中ですしの人気が高まり、世界各地ではたらくすし職人がふえています。国内では一人前になるのに時間がかかりますが、海外ではたらく場合、養成学校や専門学校に通い、短期間で必要な知識と技術を学んですし職人になる人もいます。

注文を受けると、すばやくていねいにシャリと新鮮なタネを合わせてすしをにぎり、お客さまに提供します。

質のよい魚を仕入れ、その日に必要な仕込みをする

　吉野さんは、1879（明治12）年創業の吉野鮨本店の5代目店主として、6人のすし職人をたばねて、お店を切り盛りしています。吉野さんの仕事は、すしのタネを仕入れるところからはじまります。毎朝6時に起きると、約500軒のお店がならぶ日本最大の魚市場である豊洲市場に出かけます。吉野さんはマグロ専門の仲卸（卸売業者から魚介類を買って、飲食店に売る人）やエビの仲卸など、つき合いのあるお店を10軒ほどまわって、その日に必要な魚介を仕入れます。

　仕入れる魚は前日の夜に注文してありますが、魚の太り具合や大きさ、鮮度などをじっさいに見て、仕入れてよいか判断します。もし魚の状態がよくない場合は、その場で別の魚に変更することもあります。

　お店では6人のすし職人がお店に入り、すみずみまで掃除をして、吉野さんの帰りを待っています。吉野さんがお店にもどると、職人たちはいっせいに魚を食べられる状態にする仕込みにとりかかります。魚の種類が多いので、カツオをさばいて皮を焼く、車エビをゆでて殻を外すなど、それぞれ担当する魚介の仕込みを行います。吉野さんは主に穴子と玉子焼きの仕込みを担当しています。穴子は、仕込みに手間のかかる魚です。毎日50〜60尾の穴子を仕込むため、手際よくさばいて、煮つけていきます。

市場でせり落とされたばかりのマグロの切り身を確認。
ほどよく脂の入ったマグロを選びます。

　仕込みの途中で、職人から魚の状態について報告を受ける場合があります。一見問題のないように見える魚でも、おろしてみると傷がついていたり、色が悪かったりするものがあるのです。そのようなときには写真を撮り、すぐ仲卸に送って情報を共有し、以後気をつけてもらうようにします。

　お昼の開店時間がせまると、入り口にのれんを出して、開店です。昼の営業では、ほかの職人にカウンターに立ってにぎってもらい、吉野さんは、残っている仕込みを引きつぎます。職人たちがお客さまにおすしを提供している裏で、吉野さんは玉子焼きをつくったり、午前中に塩でしめた魚を酢で洗ったりします。夜の分の仕込みも昼の営業中にすませます。

　お昼の営業時間が終わると、吉野さんは、職人たちと一緒にまかないを食べます。すし屋の仕事は、職人たちのチームプレイで成り立っています。吉野さんは職人さんたちと冗談を言い合ったりして、場を和ませながらコミュニケーションがとりやすい環境をつくるよう、気を配っています。

お客さまの好みに合わせて、にぎり方を工夫する

　休憩が終わると、夜の営業がはじまります。今度は、吉野さんがカウンターに立つ番です。身だしなみを整え、お客さまをむかえます。夜の営業は、昼とは異なり、お酒を飲みながらおすしを食べるお客さまが多く

なります。吉野さんは、お酒の進み具合を見ながら、刺身を出すタイミングをはかったり、場合によってはシャリの量をへらしたおすしを出したりして、お客さまに気を配りながらにぎっていきます。

　常連のお客さまの場合は、お客さまの好みに合わせてシャリの大きさやにぎる固さを調整することもあります。また、なかには吉野さんとの会話を楽しみにしているお客さまもいます。会話をするときは、そのお客さまだけに集中しないよう、カウンターから一歩下がって、ほかのお客さまにも目が行くように心がけます。

　21時になると閉店準備を進めます。吉野さんも少しずつ片づけをはじめ、最後のお客さまがお店を出ると閉店です。後片づけや戸じまりを確認して、吉野さんはお店の上にある自宅へと帰ります。

穴子の背から包丁を入れ、骨にそっておろしていきます。
おいしく煮つけるには火加減が肝心です。

吉野正敏さんの1日

早朝の魚の仕入れから、昼と夜の営業でお店に立つまでの吉野さんの一日を見てみましょう。

自宅を兼ねたお店から15分のところにある豊洲市場にバイクで仕入れに行きます。

6:00
起床・朝食

7:00
出勤

24:00
就寝

22:30
家で映画鑑賞

22:00
閉店

店の上の自宅にもどり、趣味の映画鑑賞で一日の疲れをいやします。

イワシやアジなどの小さな魚の仕入れをしながら、これから旬になる魚についての情報を仲卸に聞いて、今後の仕入れの参考にします。

薄く焼いた吉野鮨の玉子焼きはおいしいと評判です。エビと白身魚のすり身が入った玉子を、はしでやぶれないよう注意しながら裏返します。

お客さまにおすしを提供するのはほかの職人にまかせて、仕込みを続けます。

7:15
市場に到着

9:00
仕込み開始

11:30
昼の営業開始

21:00
ラストオーダー

16:00
夜の営業開始

14:00
昼休み

お客さまからラストオーダーを受けたあと、その日に残った魚を確認し、翌日仕入れる魚を決めて、仲卸に発注をかけます。

カウンターに立って、注文を確認しながらおすしをにぎります。常連のお客さまにはシャリの量など好みに合わせて提供します。

地元、東京・日本橋の町会長の仕事もしています。昼休み中に、地域活性化のためのイベントの打ち合わせに行くこともあります。

INTERVIEW （インタビュー）

吉野正敏 さんをもっと

いつごろからお店をつごうと思ったのですか？

　物心ついたころから、はたらく父の背中を見て育ちました。調理場にも出入りしていたので、知らず知らずのうちにお店をつぐことをすりこまれていて、「お店をつごう」とあらためて決意したことはありません。ただ、大学生のころ、友だちに「おまえは将来が決まっていていいよな」とよく言われ、そのたびに「引かれたレールを歩むのは簡単だけど、レールをのばしていくのは大変なんだぞ」と冗談めかして言い返していたので、そのころには「自分がお店をつぎ、お店を発展させなければいけない」と意識をしていました。

すし職人になるために大変だったことは？

　大学卒業後、5代目としてお店に入りました。当時は父が当主だったので、私は若だんなとなります。店には、自分より年下の職人がはたらいていましたが、昨日まで名前でよび合っていた職人からすると、見習いだった私を「若だんな」とよぶのは抵抗があったでしょう。一夜にして若だんなの立場になったことで、その立場を強く意識し、おくれをとりもどすため、だれにも負けないよう必死で技術を磨きました。

この仕事をしていてうれしいと感じる瞬間は？

　一番うれしいのは、お客さまから「おいしかった。ごちそうさま」と言ってもらうことです。「また来るよ」と言われたら、最高です。私たちはお客さまにおいしいものを食べてもらいたくて、毎日一生懸命にぎっているので、「おいしい」という言葉が返ってくるのが一番です。だからといってお客さまに「おいしい」をおしつけるつもりはありません。自分がにぎったおすしには自信はありますが、おいしいかどうかはお客さまが決めることですから。

仕事をするうえで心がけていることはありますか？

　おすしは日本の伝統食といわれていますが、たかだか200年の歴史です。江戸からはじまったおすしが日本全国に広まり、さらに世界中で認められるようになったのは、その土地の名産をとり入れやすかったこともあるでしょう。しかし最大の理由は、好きなものを好きなだけ注文し、その場でぎってもらえる気楽さがあったからだと思います。ですから、うちではかしこまっておすしを食べるのではなく、気楽に食べてほしいです。知りたいことがあれば聞いてほしいので、会話をしやすい雰囲気づくりを心がけています。

知りたい

仕事で印象に残っていることは
ありますか？

　父の代にはなかったマグロのしょうゆ漬け、「ヅケ」を復活させたことです。昔は鮮度を保つために、魚をしょうゆに漬けたり、酢でしめたり、ときには煮つけたり、手のこんだ職人技が必要でした。戦後になると冷蔵の技術が発達し、生でも出せるようになったため、昔ながらの職人技がうすれつつあるのが現状です。

　うちでは鮮度をたもつためではなく、おいしさの観点から昔ながらの職人技でにぎる魚もありますが、マグロだけは生で出すことにこだわっていました。しかし、昔の職人技を復活させたい気持ちもあって、ヅケを出すことを決めました。父はそんな私を内心よく思っていなかったようですが、私がにぎったヅケを食べたときに、一言「おいしい」とほめてくれました。父に認められたことがうれしかったですね。

ケンタからの質問

**まかないで
おすしを食べるの？**

　まかないでおすしは食べません。たまに、仕込みで残った魚の切れはしをとっておいて、ちらしずしにすることもありますが、総勢7人のすし職人のまかないをつくるには、手早く豪快につくれる料理が重宝します。麻婆豆腐や酢豚など、中華料理が多いですね。

わたしの仕事道具

包丁

　刃が厚い出刃包丁（下）は、魚をおろしたり骨を切ったりする仕込みのときに、刃の長い柳刃包丁（上）はマグロをおろすときなどに使います。定期的に砥石で研ぎますが、脂の多い魚を切ると切れ味が悪くなり、味にも影響が出るので、その都度刃をみがいてきれいにします。

みなさんへの
メッセージ

　何事にも好奇心を持ち、よく学びよく遊んでください。わからないことがあれば、人に聞きましょう。大人になるほど、人に聞きづらくなるので、今のうちにたくさん聞いて知識をふやしておくとよいですよ。

吉野正敏さんの今までとこれから

プロフィール

1967年、日本橋に生まれ育った生粋の江戸っ子。明治大学卒業後、老舗のすし屋「吉野鮨本店」の5代目として修業を開始しました。父が亡くなった2016年からは当主として老舗の味を守りながら、時代に合ったおすしの研究にもはげみ、日本橋の地域活性にも力を入れています。

1967年誕生

7歳
ふすま一枚でお店と自宅が分かれていたため、テレビを見づらくて不満だった。

13歳
お店の上に自宅が移り、はじめて自分の部屋ができた。

22歳
大学4年になるとお店を手伝うようになり、近所の会社に出前の配達をしていた。

大学を卒業した春、吉野鮨本店の5代目として正式にお店に入る。

今につながる転機

23歳

26歳
さらしをシャリに見立ててにぎりの練習をくりかえし、出前用のにぎりをまかされるようになった。

地域の飲食店仲間との交流が活発になり、地元のお祭りや懇親会に参加するなど、地域のつながりがふえていった。

31歳

現在

54歳

日本橋の町内会長に就任。地域の活性化のため、あちこちから声がかかり、お店をまわしながら、大いそがしの毎日をすごしている。

未来
60歳

お店を存続させていくためには、すし職人になりたい人が増えてほしい。そのためにすし職人の魅力をいろいろな形で伝えていきたい。

吉野正敏さんがくらしのなかで大切に思うこと

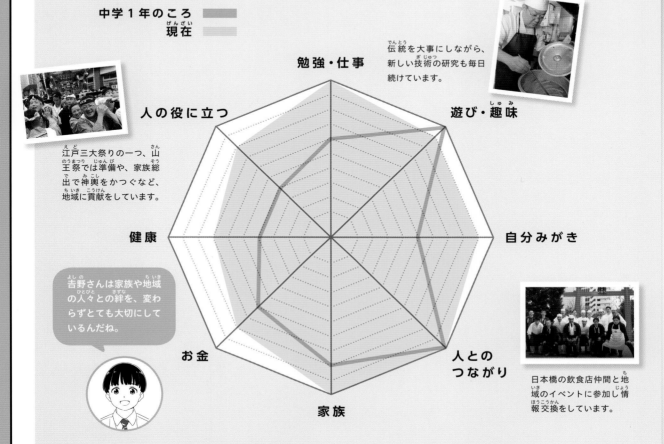

中学1年のころ
現在

勉強・仕事

遊び・趣味

伝統を大事にしながら、新しい技術の研究も毎日続けています。

人の役に立つ

江戸三大祭りの一つ、山王祭では準備や、家族総出で神輿をかつぐなど、地域に貢献をしています。

健康

自分みがき

吉野さんは家族や地域の人々との絆を、変わらずとても大切にしているんだね。

お金

家族

人とのつながり

日本橋の飲食店仲間と地域のイベントに参加し情報交換をしています。

吉野正敏さんが考えていること

お店を続けてこられたのは、家族の支えがあってこそ

　私にとっては家族の存在がすべての支えになっています。家族との関係が安定しているからこそ、仕事に精を出せ、安心して友だちともつきあえます。

　お店を続けてこられたのも、先代の祖父や父がおすしのことをたくさん勉強し、知識と技を残してくれたおかげです。店が回せているのは、母や妻がレジ打ちなどを毎日手伝ってくれて、弟がすし職人として一緒にはたらいてくれているから。来年には6代目となる息子がお店に入る予定です。そうやって、うちは代々家族で支えあって続けてきたお店なので、家族の存在が大きいのです。

　今はお店の営業に加えて地域のための活動も増え、平日は家族の時間がなかなか持てません。そのため、休日の夜はできるだけ家族と一緒にごはんを食べ、家族の時間をつくるよう心がけています。

COOKING EXPERT

料理研究家

どのくらい
メニューを
考えるの？

料理研究家
って？

料理の何を
研究するの？

ほかの料理人とは
何がちがうの？

料理研究家ってどんなお仕事？

料理研究家は、料理のメニューやつくり方（レシピ）を考えて、雑誌やテレビで紹介したり、料理教室などで教えたりするのが仕事です。読者や視聴者など、見た人が家庭で手軽につくれる料理であることが大事で、ここが料理人と大きくちがうところです。そのため、つくりやすいレシピを考えることはもちろん、食材も、スーパーマーケットなどで手に入れやすいものを選ぶ必要があります。完成した料理がおいしく見えてつくりたくなるように、食器や盛りつけ方などのセンスももとめられます。「時短料理」「ヘルシー料理」など、要望にすぐにこたえられるよう、さまざまなジャンルの料理を研究し、オリジナルのレシピをたくさん考えておくことが大切です。

給与
（※目安）

19万円
くらい〜

会社に所属せず、決まった給料もないので、どんな仕事を受けるかによって収入は大きく変わります。知名度が上がると、仕事の依頼はふえていきます。

※既刊シリーズの取材・調査に基づく

料理研究家に なるための一例

ステップ 1 **本や学校で料理や 栄養について学ぶ**
調理師の専門学校や、栄養士の専門学校、あるいは独学で知識と技術を学ぶ。

ステップ 2 **料理研究家の アシスタントになる**
料理研究家のもとで仕事を覚えるのが近道。人と接することが多いので人脈づくりも大切。

ステップ 3 **自分のレシピを発表**
レシピを考え、ウェブサイトや雑誌、テレビで紹介したり、料理教室を開いたりする。

こんな人が向いている！

食べるのが好き。

料理をするのが好き。

好奇心や探求心が強い。

他国の文化に興味がある。

人の役に立つのが好き。

もっと知りたい

学歴や資格は必要ありませんが、さまざまなレシピを考案するためには、調理の技術や栄養の知識は欠かせません。レストランなどで料理の経験を積む人や独学で学ぶ人もいます。近年は、動画やブログでレシピを発信し、人気が出る人もふえています。

料理研究家
コウケンテツさんの仕事

レシピを雑誌で掲載するために、読者にわかりやすいように料理の手順や完成写真を撮影します。

オリジナルのレシピを考案し
読者や視聴者につくり方を伝える

　料理研究家のコウケンテツさんは、はば広い分野の仕事にたずさわっています。その中心となる仕事は、レシピを考えて雑誌や書籍、テレビの料理番組で発表することです。

　雑誌やテレビの仕事は、出版社やテレビ局からレシピづくりのオファーを受けるところからはじまります。まず、担当者から送られてきた企画書を読んで、どんな人たちを対象に、どのような料理を考えてほしいの

か、企画のねらいをつかみます。

　コウさんは、1つのテーマに対し、多いときは20〜30品のレシピを考えて、担当者との打ち合わせにのぞみます。さまざまな要望にこたえられるように、日ごろから独自のレシピを研究してレパートリーをふやし、ストックしています。

　たとえば、肉じゃがのような家庭料理の定番となるおかずでも、しっかり時間をかけてつくるもの、味つけを洋風や中華風にしたもの、短時間でできるようくふうしたものなど、さまざまにアレンジを加えたレシピを考えているのです。打ち合わせでは、担当者から

も要望や意見がいろいろと出ます。こうした話し合いのなかからアイデアやヒントを得ることもあります。

紹介するレシピの概要が固まったら、それをもとに試作をします。試作は、材料や調味料の分量を少しずつ変えたり、火加減や加熱時間を変えたりするなど、何度もくりかえし行います。だれもがおいしいと感じる味にすることはもちろん、家庭で再現できるようなレシピにしなければなりません。そのため、コウさんがよいと思う味の感覚を、大さじや小さじ、カップなどできちんとはかれるようにすべてを数値化し、わかりやすく伝える必要があります。そこが料理研究家のうでの見せどころです。

こうしてレシピができあがったら、雑誌の場合は、実際にコウさんが料理をつくり、カメラマンが撮影をします。完成した料理の写真だけの場合もありますが、読者がわかりやすいように、ポイントとなる工程のカットを撮影することもあります。おいしく見えるかなど、写真を確認しながら進めます。

テレビの料理番組の場合は、決められた時間内で料理を仕上げられるように、時間配分も考えなければいけません。さらに、料理をつくりながら、ポイントを説明したり、アナウンサーや共演者の質問に答えたりする必要もあります。料理研究家には、相手にわかりやすく伝えるコミュニケーション能力ももとめられる

調味料の分量は、だれもがまちがいなくはかれる、切りのいい数値になることも考えて、試作をくりかえします。

のです。コウさんは的確な説明と豊富な話題で、視聴者を楽しませながらレシピを紹介しています。

コウさんは、読者や視聴者とふれあう機会にもなる講演会や料理イベントなどへの出演も、積極的に行っています。また、テレビ番組や出版社の企画で、国内外の家庭や飲食店、生産者などを訪ね歩く仕事もふえています。こうした経験は、レシピ原稿に料理の特徴などのコメントを書きそえたり、エッセイを執筆したりする際に役立っています。

自分が伝えたいレシピを動画で配信する

雑誌や書籍、テレビ番組などで、オファーを受けて行う仕事のほかにも、自分が伝えたいレシピを実際に自分でつくり、ユーチューブなどのSNSで、自ら発信していくこともしています。

コウさんの動画は、食材の切り方からつくり方までがわかりやすく、家庭で再現しやすいと好評です。ユーチューブのフォロワー数は100万人をこえています。

こうしたSNSによる発信は、視聴者からの反応が早く、どのように伝わっているのか、手ごたえをつかめる点が、一方通行になりがちな雑誌などの仕事にはないすぐれた点です。

ストックしているアイデアや専門書なども参考にして、オリジナリティのあるレシピを考えます。

コウケンテツ
さんの
1日

雑誌に掲載する撮影のために、調理を実演するコウケンテツさんの一日をみてみましょう。

起きるとすぐ、近所のゴルフ練習場で1時間ほどボールを打って、スッキリした気分で一日をスタートします。

コーヒーを飲みながら読書などをしたあと、子どもたちを起こして朝食を食べます。

5:00
起床・ゴルフ

7:00
読書・朝食づくり

21:30
入浴・就寝

19:30
夕食・塾のおむかえ

18:30
夕食づくり

夕食のしたくをかねて、考案中のレシピの試作を行うこともあります。

長男・長女の登校を見
送り、次女を保育園に
送りとどけます。

スタッフと雑誌撮影
の、準備をしながら、
途中、オンラインで別
の雑誌企画の打ち合わ
せをします。

料理の撮影では、材料
の切り方や火の入れ方
など、つくり方のポイ
ントとなるカットを撮
影します。

8:00
子どもを見送る

9:00
撮影準備・打ち合わせ

12:30
撮影開始

17:30
子どもと遊ぶ

16:30
弁当づくり・買い出し

16:00
校正作業

15:00
撮影終了

次女を保育園にむかえ
に行き帰宅後はいっし
ょにおやつを食べて、
レゴなどで遊びます。

弁当をつくって子ども
たちを学習塾に送り、
翌日の撮影のための食
材を買いに行きます。

今日の撮影とは別の出版社か
らとどいた雑誌のレシピのペ
ージをチェックします。分量
の確認をしたり、わかりやす
い表現に変えたりします。

編集者と写真
の画像をチェッ
クし、問題なけ
れば終了です。

コウケンテツさんをもっと

料理研究家になろうと思ったきっかけはなんですか?

　子どものころからスポーツが得意で、高校のときにはプロのテニス選手をめざしていました。けれども腰をいためてその夢をあきらめなければならず、しばらくは何もする気が起きませんでした。そんなぼくが料理の道に入ったきっかけは、料理研究家の母のアシスタントになったことです。そしてその後、まだかけ出しの自分に、料理雑誌にレシピを連載しないかと声がかかりました。はじめてみると、自分の考えたレシピが雑誌に掲載されることがとてもうれしく、料理研究家としてやっていきたいと思うようになりました。

料理研究家になるために努力したことは?

　料理を専門的に学んだことはなく、独学です。栄養に関する知識は、プロのテニス選手をめざしていたとき、アメリカのトップ選手の栄養指導者が書いた栄養学の本で勉強し、毎日自分で弁当をつくったことがベースになっています。調理技術に関しては、さまざまな飲食店でアルバイトをした経験が役立っています。

この仕事の楽しさはどんなところにありますか?

　いちばんは、レシピづくりのために食べ歩きをする

こともふくめ、いろいろなジャンルの料理を研究するなかで、おいしいものを食べられる機会が多いことがあげられます。また、テレビや雑誌の取材で世界中をまわり、いろいろな人に出あえること、そしてその出あいから縁がつながり、エッセイや映画のコラムを書くなど、料理の枠をこえてはば広い活動ができることも楽しいことです。

仕事をしていて苦労すること、つらいと思うことはなんですか?

　レシピ原稿のしめきりにいつも追われているのがつらく、アイデアがうかんでこないときには苦労します。料理研究家の仕事は、キッチン（自宅）と市場やスーパーなどの食材店を往復するだけの生活になりがちなので、アイデアも煮つまってしまうことがあります。そんなときは、外に食事に出かけるようにしています。外食は気分転換になりますし、料理のヒントやアイデアにあふれています。こもりがちな生活に刺激をもらって、それを独自のレシピを生み出す力に変えています。

印象に残っているできごとを教えてください

　かけ出しのころに大ばってきされて以来、テレビ番組の食をテーマにした取材で、世界の国々の家庭や市

知りたい

場、飲食店、生産者の方々をたずね歩き、すでに30か国以上になりました。どの国もそれぞれ印象に残っていますが、とくに印象深い国といえばフィリピンです。世界遺産の棚田で有名なバナウェ地区の少数民族の家庭にホームステイさせてもらったときの体験がわすれられません。食事は毎日、キャベツやハクサイをニンニクとラード（ブタの脂）でいためたおかずをごはんにのせたものです。ぼくも15人家族の仲間に加わり、このごはんを食べましたが、ほんとうにおいしかった。毎食同じおかずなのにあきないのです。特別なものではなく、家族といっしょにいつ食べてもおいしいもの、これが家庭料理なのだと気づかされました。この体験でぼくの料理研究家としての方向性が決まりました。

ケンタからの質問

> いろいろなお店を食べ歩いたほうがいいの？

　もちろん、食べ歩いていろいろなお店の料理の味つけや盛りつけなどを学ぶのはよいことです。でも、料理研究家は、レシピにその人の個性をどれだけ表せるかが問われる職業なので、見た人につくってみたいと思わせる魅力的なレシピを考案することが重要です。そのためには、料理以外にも興味を広げて、映画館や音楽ライブに出かけたり、読書をしたりして自分の感性をみがいてください。

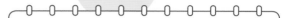

わたしの仕事道具

包丁

10年前、テレビ番組の取材で、熊本県の川尻という刃物で有名な町をたずねたときに出あって以来、大事に使っている包丁です。手にすっとなじんで重さもちょうどよく、切れ味が抜群です。職人さんの技や道具に対する見方が変わるきっかけにもなりました。

みなさんへのメッセージ

世界の国々の歴史や文化に興味をもち、それぞれの国には多様な郷土料理があることを知ってほしいです。そして食べる機会があれば、自国の食事と同じように尊敬し、味わってみてください。

プロフィール

1974年大阪府生まれ。韓国料理研究家である母親のアシスタントを経験後、2006年に独立。旬の食材を生かしたシンプルでヘルシーな料理のレシピを提案し、テレビや雑誌、ユーチューブなど多方面で活躍中です。レシピや料理に関する本もたくさん執筆しています。3人のお子さんの父親でもあります。

コウケンテツさんの今までとこれから

1974年誕生

5歳

もの心ついたときから台所でずっと遊んでいて、5歳のとき、はじめて卵焼きをつくった。

14歳

テニスに出あい、プロの選手になろうと決意。高校入学と同時に、神戸の名門ジュニアテニスクラブに入る。

16歳

高校を中退し、プロのテニス選手をめざしてトレーニングを積む。

19歳

椎間板ヘルニアを発症し、テニスの道を断念。治療もあって2年間引きこもりの生活を送る。

今につながる転機

21歳から飲食店を中心にアルバイト生活を送るなか、料理研究家の母のアシスタントをつとめることに。

27歳

31歳

前の年に料理雑誌社からレシピ連載のオファーをもらったのをきっかけに、料理研究家への道へと進むことを決め、上京する。

かんたんでヘルシーなレシピを雑誌やテレビ、ユーチューブで発表するほか、テレビ番組のレポーターとして各地の食を紹介する仕事もしている。

現在

47歳

未来

65歳

子育てが一段落するので、本格的にボランティア活動に取り組む。地域の子どもの食や生産者のみなさんのサポートをしていきたい。

コウケンテツさんがくらしのなかで大切に思うこと

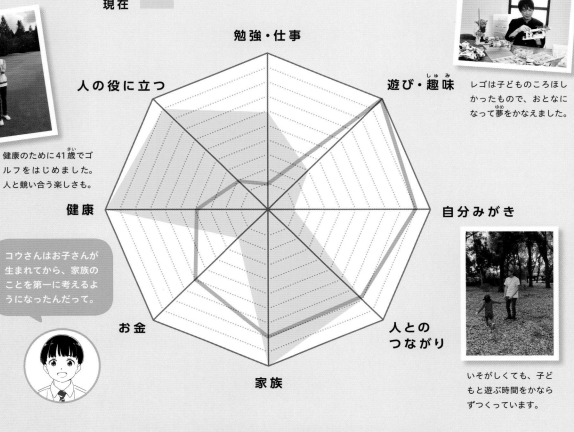

中学1年のころ
現在（げんざい）

勉強・仕事
遊び・趣味（しゅみ）
自分みがき
人との
つながり
家族
お金
健康
人の役に立つ

健康のために41歳（さい）でゴルフをはじめました。人と競い合う楽しさも。

レゴは子どものころほしかったもので、おとなになって夢（ゆめ）をかなえました。

コウさんはお子さんが生まれてから、家族のことを第一に考えるようになったんだって。

いそがしくても、子どもと遊ぶ時間をかならずつくっています。

·············· コウケンテツさんが考えていること ··············

「こうあるべき」の "しばり" から自由になる

　この数年、料理イベントや講演会（こうえんかい）で「ごはんをつくるのがしんどい」という声を聞くようになりました。子どもの友だちのママやパパも、「どんなごはんをつくるのか」というのが問題ではなく、ごはんづくりに追いつめられているようなのです。料理研究家のぼくですら、毎日ごはんをつくるのがしんど

いときもあります。そんなときは、宅配（たくはい）ピザやスーパーのお総菜（そうざい）を利用してもいいと思うのです。栄養バランスも毎食とる必要はないでしょう。

　料理研究家だから、家庭料理だから、手づくりにするべきという "しばり" から自由でありたいと思います。そうすれば時間と気持ちにゆとりができて、家族とゆっくり食事を楽しめます。料理をつくる人がつらいときのにげ道となる選択肢（せんたくし）をふやすのも、これからのぼくの使命だと思っています。

ジブン未来図鑑 番外編

食べるのが好き！
な人にオススメの仕事

この本で紹介した、パティシエ、シェフ、すし職人、料理研究家以外にも、「食べるのが好き！」な人たちにオススメの仕事はたくさんあります。ここでは番外編として、関連のある仕事をさらに紹介していきます。

▶ 職場体験完全ガイド ⑤ p.3 とあったら
「職場体験完全ガイド」（全75巻）シリーズの5巻3ページに、その仕事のくわしい説明があります。学校や図書館にシリーズがあれば、ぜひチェックしてみてください。

パン屋さん

（ こんな人が向いている！ ）
・ていねいにねばり強く作業ができる
・早起きするのが得意
・明るく元気で人と話すのが好き

（ こんな仕事 ）
　朝早くからパンをつくり販売します。こねたパン生地をふくらませる発酵では、気温や季節によってできあがりが変わり、おいしく仕上げるには技術がいります。接客をしながら、常連のお客さまの好みを覚えたり、要望を新商品に取り入れたりもします。

（ パン屋さんになるには ）
　製パン技術を学べる専門学校へ行った後、パン屋さんではたらきながら修業するのが一般的です。学校には行かずにパン屋さんで一から技術を学ぶ人もいます。

▶ 職場体験完全ガイド ⑤ p.3

ラーメン屋さん

（ こんな人が向いている！ ）
・いろいろなラーメンを食べくらべるのが好き
・自分の個性を出す工夫ができる
・素早く行動し、ていねいに作業できる

（ こんな仕事 ）
　ラーメンづくりではスープが味の決め手です。独自の味を出せるように材料やつくり方を工夫します。麺は製麺業者に注文する場合と、自分でつくる場合があります。おいしく食べてもらうには、手早く完成させることやきれいな盛りつけも大切です。

（ ラーメン屋さんになるには ）
　ラーメン屋さんではたらいてラーメンづくりや接客、経営などを学んだ後、自分の店を開く人が多いです。調理師学校で料理の基本を学ぶことも役立ちます。

▶ 職場体験完全ガイド 51 p.3

そば職人

（ こんな人が向いている！ ）
・ちょっとした味や食感の違いがわかる
・自分なりの工夫を追求することが楽しい
・同じことでも飽きずにコツコツと進められる

（ こんな仕事 ）

　そばづくり（そば打ち）はシンプルな工程ですが、粉を混ぜて練り、それを伸ばして切って茹でるなど、専門的な技が求められます。そば粉の割合や水分の量、つなぎに使う粉、麺の太さなど、職人それぞれの工夫や経験であみ出します。麺だけでなく、味の基本となるだしやつゆ、揚げものなどの調理も必要です。

（ そば職人になるには ）

　老舗の店ではたらきながら学ぶのが一般的でしたが、今は職人養成の学校で技術を学ぶ人が増えています。

豆腐職人

（ こんな人が向いている！ ）
・体力があって体を動かすのが得意
・手づくりのものが好き
・和食や日本の伝統文化が好き

（ こんな仕事 ）

　生の大豆から豆乳を絞り、にがりで固めて豆腐をつくります。新鮮さが大切なので、毎日作業します。大豆の質や気候によって仕上がりが異なるため、微調整する繊細な感覚が大切です。豆腐以外にも、油揚げや厚揚げ、湯葉などをつくって販売します。

（ 豆腐職人になるには ）

　豆腐店ではたらいて修業をしながら技術をおぼえるのが一般的です。見習いから始めて、豆腐づくりができるようになるまで3〜5年かかるといわれています。

▶職場体験完全ガイド ㉓ p.27

和菓子職人

（ こんな人が向いている！ ）
・手先が器用でものづくりが好き
・服や持ち物の色選びや飾りつけが得意
・郷土の歴史や季節の行事を調べるのが好き

（ こんな仕事 ）

　まんじゅうなどの水分の多い生菓子と、落雁のように水分の少ない干菓子をつくる専門職です。目にも美しいのが和菓子の魅力なので、繊細な技術がものをいいます。季節や地域の行事と関連した商品を開発する企画力も大切です。

（ 和菓子職人になるには ）

　基礎技術は専門学校で学べます。ただし、それをいかして職人になるには、和菓子店で働き、和の文化やさらに高度な技術を身につけることが必要です。

▶職場体験完全ガイド ㉓ p.3

ショコラティエ

（ こんな人が向いている！ ）
・お菓子の中でもチョコレートが大好き
・はじめての食べものや飲みものを試すのが好き
・きれいなものを見ることやつくることが好き

（ こんな仕事 ）

　ショコラはフランス語でチョコレートのことです。自分の技術と感性をいかして、ナッツやフルーツを組み合わせたり、色や形を工夫したりしてオリジナルのチョコレートやデザートをつくります。個人でお店を持つ人も多く、その場合は経営のセンスも必要です。

（ ショコラティエになるには ）

　多くは製菓の専門学校で学んでからお店に就職して修業をします。就職先は大手製菓企業から個人のお店までいろいろ。中には本場であるヨーロッパへ行く人もいます。

管理栄養士

（ こんな人が向いている！ ）
・食べることと人の健康に興味がある
・計算や論理的に考えることが得意
・相手にわかりやすく説明ができる

（ こんな仕事 ）
　病院、企業、学校、高齢者施設などで、健康状態や年齢に合った栄養と食事の指導、献立づくりをします。病院では栄養管理の医療チームで栄養面から治療に貢献します。食品会社やレストランで健康によい商品やメニューを開発することもあります。

（ 管理栄養士になるには ）
　高校卒業後に管理栄養士養成課程のある学校で学ぶか、栄養士養成課程で学び栄養士として一定期間働いた後、国家試験に合格すると資格取得できます。

▶ 職場体験完全ガイド ㊶ p.25

給食調理員

（ こんな人が向いている！ ）
・きれい好きで掃除や消毒をしっかりできる
・体力があっててきぱきと行動ができる
・チームで協力することが得意

（ こんな仕事 ）
　学校や保育園、企業の社員食堂、病院などで料理をします。たくさんの人の食事を短時間でつくるので、素早く作業することが大切です。調理用具の消毒や食材のチェックも重要な仕事です。食材の発注や使用後の食器洗いを担当することもあります。

（ 給食調理員になるには ）
　給食施設や、さまざまな施設の給食づくりを請け負う会社に就職します。調理師学校を卒業して調理師の資格を取得していると有利です。

▶ 職場体験完全ガイド ㉛ p.15

食品開発者

（ こんな人が向いている！ ）
・味覚が優れていて細かい味の違いがわかる
・食べものやメニューの流行に敏感
・ねばり強くものごとに取り組む姿勢がある

（ こんな仕事 ）
　食品会社などで、新しい商品を開発します。どんな商品をつくるのか考える企画の仕事と、企画にもとづいて商品をつくる仕事があります。予算に合った原材料を探し出し、めざす味や食感を実現して大量生産も可能になるように、何度も試作を重ねます。

（ 食品開発者になるには ）
　食品製造の会社に就職して新商品の開発部署への配属をめざすのが一般的です。農学、生物学、化学、栄養学などを学んでいると有利になります。

▶ 職場体験完全ガイド ㉛ p.37

フードコーディネーター

（ こんな人が向いている！ ）
・料理やきれいな盛りつけが得意
・食器やインテリアに興味がある
・人と接したり話したりすることが好き

（ こんな仕事 ）
　飲食店やお総菜店のメニュー開発や店舗づくりのサポート、食品企業の新商品提案、テレビや雑誌で料理をおいしそうに見せるアドバイスなど、食に関するはば広い仕事をします。流行をとらえて、魅力的な店や商品を考えるセンスが重要な仕事です。

（ フードコーディネーターになるには ）
　調理師や栄養士の資格をとって、食品会社や飲食店で経験を積んだり、先輩フードコーディネーターの下で学んで技術を身につける人が多いようです。

料理教室講師

（こんな人が向いている！）
・味や香りに敏感
・コミュニケーションや説明が得意
・研究熱心でアイディアをたくさん出せる

（こんな仕事）
料理のつくり方や手順、調理器具の使い方などを教えます。企業が運営する料理教室や、個人の料理教室のほか、プロをめざす人のための調理師学校の仕事もあります。新メニューを開発したり、料理の本を出版したりする講師もいます。

（料理教室講師になるには）
調理師学校や飲食店などで料理技術を身につけた後、料理教室講師のアシスタントなどをつとめて、指導方法や講師の仕事の流れを学びます。

▶ 職場体験完全ガイド 57 p.35

カフェオーナー

（こんな人が向いている！）
・いろいろなカフェや喫茶店に行くのが好き
・計画や時間の管理が得意
・部屋の模様替えやインテリアに興味がある

（こんな仕事）
カフェの経営をします。カフェでどんなメニューを出すか考え、オリジナルの食べ物や飲み物も開発します。お店をどこに開くか、内装や外装も考えて、居心地のよい空間をつくります。経営する上では、売り上げから材料費や人件費を払って黒字にし、従業員が接客や調理をできるように教育することも大切です。

（カフェオーナーになるには）
製菓や料理の専門学校を卒業して、カフェやその運営会社ではたらき、経験を積んで独立する人が多いです。ほかの業種ではたらきながら資金をためて、独立、開業する人もいます。

「職場体験完全ガイド」で紹介した仕事

「食べるのが好き！」な人が興味を持ちそうな仕事を PICK UP！

こんな仕事も…

菓子開発者／レシピサービス運営／バリスタ／バーテンダー／ホールスタッフ

ちょっと目線を変えるだけで、こんなにいろんな仕事があるんだね。

関連のある仕事や会社もCHECK！

関連のある仕事

関連のある会社

取材協力
TOKYO PAELLA
アディクト オ シュクル
司水産
日本橋三四四会
まぐろ内藤
吉野鮨本店

スタッフ
イラスト	加藤アカツキ
ワークシート監修	株式会社 NCSA
	安川直志（キャリアデザインアドバイザー）
	安川志津香（キャリアデザインアドバイザー）
編集・執筆	青木一恵
	安藤千葉
	桑原順子
	田口純子
	前田登和子
撮影	糸井康友
	大森裕之
デザイン	パパスファクトリー
編集・制作	株式会社 桂樹社グループ
	広山大介

ジブン未来図鑑 職場体験完全ガイド＋ ① 食べるのが好き！

パティシエ・シェフ・すし職人・料理研究家

発行 2022年4月 第1刷

発行者 千葉 均
編集 柾屋 洋子
発行所 株式会社 ポプラ社
〒102-8519
東京都千代田区麹町4-2-6
ホームページ www.poplar.co.jp（ポプラ社）
kodomottolab.poplar.co.jp（こどもっとラボ）
印刷・製本 図書印刷株式会社

あそびをもっと、
まなびをもっと。

?!
こどもっとラボ

©POPLAR Publishing Co.,Ltd. 2022
ISBN978-4-591-17262-9
N.D.C.366／47P／27cm
Printed in Japan

自分の未来を「好き」から選ぶ、キャリア教育の新定番！

ジブン未来図鑑　職場体験完全ガイド＋　N.D.C.366（キャリア教育）　全5巻

第1期

❶ 食べるのが好き！　パティシエ・シェフ・すし職人・料理研究家

❷ 動物が好き！　獣医・トリマー・動物飼育員・ペットショップスタッフ

❸ おしゃれが好き！　ファッションデザイナー・ヘアメイクアップアーティスト・スタイリスト・ジュエリーデザイナー

❹ 演じるのが好き！　俳優・タレント・アーティスト・ユーチューバー

❺ デジタルが好き！　ゲームクリエイター・プロダクトマネージャー・ロボット開発者・データサイエンティスト

仕事の現場に完全密着！ 取材にもとづいた臨場感と説得力!!

職場体験完全ガイド　N.D.C.366（キャリア教育）　全75巻

第1期
❶ 医師・看護師・救急救命士　❷ 警察官・消防官・弁護士　❸ 大学教授・小学校の先生・幼稚園の先生　❹ 獣医師・動物園の飼育係・花屋さん　❺ パン屋さん・パティシエ・レストランのシェフ　❻ 野球選手・サッカー選手・プロフィギュアスケーター　❼ 電車の運転士・パイロット・宇宙飛行士　❽ 大工・人形職人・カーデザイナー　❾ 小説家・漫画家・ピアニスト　❿ 美容師・モデル・ファッションデザイナー

第2期
⓫ 国会議員・裁判官・外交官・海上保安官　⓬ 陶芸家・染めもの職人・切子職人　⓭ 携帯電話企画者・ゲームクリエイター・ウェブプランナー・システムエンジニア（SE）　⓮ 保育士・介護福祉士・理学療法士・社会福祉士　⓯ 樹木医・自然保護官・風力発電エンジニア　⓰ 花卉農家・漁師・牧場作業員・八百屋さん　⓱ 新聞記者・テレビディレクター・CMプランナー　⓲ 銀行員・証券会社社員・保険会社社員　⓳ キャビンアテンダント・ホテルスタッフ・デパート販売員　⓴ お笑い芸人・俳優・歌手

第3期
㉑ 和紙職人・織物職人・蒔絵職人・宮大工　㉒ 訪問介護員・言語聴覚士・作業療法士・助産師　㉓ 和菓子職人・すし職人・豆腐職人・杜氏　㉔ ゴルファー・バレーボール選手・テニス選手・卓球選手　㉕ テレビアナウンサー・脚本家・報道カメラマン・雑誌編集者

第4期
㉖ 歯科医師・薬剤師・鍼灸師・臨床検査技師　㉗ 柔道家・マラソン選手・水泳選手・バスケットボール選手　㉘ 水族館の飼育員・盲導犬訓練士・トリマー・庭師　㉙ レーシングドライバー・路線バスの運転士・バスガイド・航海士　㉚ スタイリスト・ヘアメイクアップアーティスト・ネイリスト・エステティシャン

第5期
㉛ ラーメン屋さん・給食調理員・日本料理人・食品開発者　㉜ 検察官・レスキュー隊員・水道局職員・警備員　㉝ 稲作農家・農業技術者・魚屋さん・たまご農家　㉞ 力士・バドミントン選手・ラグビー選手・プロボクサー　㉟ アニメ監督・アニメーター・美術・声優

第6期
㊱ 花火職人・筆職人・鋳物職人・桐たんす職人　㊲ 書店員・図書館司書・翻訳家・装丁家　㊳ ツアーコンダクター・鉄道客室乗務員・グランドスタッフ・外国政府観光局職員　㊴ バイクレーサー・重機オペレーター・タクシードライバー・航空管制官　㊵ 画家・映画監督・歌舞伎俳優・バレエダンサー

第7期
㊶ 保健師・歯科衛生士・管理栄養士・医薬品開発者　㊷ 精神科医・心療内科医・精神保健福祉士・スクールカウンセラー　㊸ 気象予報士・林業作業士・海洋生物学者・エコツアーガイド　㊹ 板金職人・旋盤職人・金型職人・研磨職人　㊺ 能楽師・落語家・写真家・建築家

第8期
㊻ ケアマネジャー・児童指導員・手話通訳士・義肢装具士　㊼ 舞台演出家・ラジオパーソナリティ・マジシャン・ダンサー　㊽ 書籍編集者・絵本作家・ライター・イラストレーター　㊾ 自動車開発エンジニア・自動車工場従業員・自動車整備士・自動車販売員　㊿ 彫刻家・書道家・指揮者・オペラ歌手

第9期
51 児童英語教師・通訳案内士・同時通訳者・映像翻訳家　52 郵便配達員・宅配便ドライバー・トラック運転手・港湾荷役スタッフ　53 スーパーマーケット店員・CDショップ店員・ネットショップ経営者・自転車屋さん　54 将棋棋士・総合格闘技選手・競馬騎手・競輪選手　55 プログラマー・セキュリティエンジニア・アプリ開発者・CGデザイナー

第10期
56 NASA研究者・海外企業日本人スタッフ・日本企業海外スタッフ・日本料理店シェフ　57 中学校の先生・学習塾講師・ピアノの先生・料理教室講師　58 駅員・理容師・クリーニング屋さん・清掃作業スタッフ　59 空手選手・スポーツクライミング選手・プロスケートボーダー・プロサーファー　60 古着屋さん・プロゲーマー・アクセサリー作家・大道芸人

第11期　（会社員編）
61 コクヨ・ヤマハ・コロナ・京セラ　62 富士通・NTTデータ・ヤフー・NDソフトウェア　63 タカラトミー・キングレコード・スパリゾートハワイアンズ・ナゴヤドーム　64 セイコーマート・イオン・ジャパネットたかた・アマゾン　65 H.I.S.・JR九州・伊予鉄道・日本出版販売

第12期　（会社員編）
66 カルビー・ハウス食品・サントリー・雪印メグミルク　67 ユニクロ・GAP・カシオ・資生堂　68 TOTO・ニトリホールディングス・ノーリツ・ENEOS　69 TBSテレビ・講談社・中日新聞社・エフエム徳島　70 七十七銀行・楽天Edy・日本生命・野村ホールディングス

第13期　（会社員編）
71 ユニ・チャーム・オムロン ヘルスケア・花王・ユーグレナ　72 三井不動産・大林組・ダイワハウス・乃村工藝社　73 au・Twitter・MetaMoJi・シャープ　74 ABEMA・東宝・アマナ・ライゾマティクス　75 東京書籍・リクルート・ライフイズテック・スイッチエデュケーション

ワークシート 「自分のキャリアをイメージしてみよう」

STEP1

①

「自分の生まれた年」と「現在の年齢」、「今好きなこと」や「小さいころ好きだったこと」を書いてみましょう。

②

この本で紹介している4人の「今までとこれから」を参考に、「これから学びたいこと」「してみたいこと（アルバイトなど）」「どんな仕事につきたいか」「どこにだれと住んでいたいか」を、年齢も入れながら書いてみましょう。

③

60歳の自分が「どんなくらしをしているか」、想像して書いてみましょう。

④

気づいたことを、メモしておきましょう。

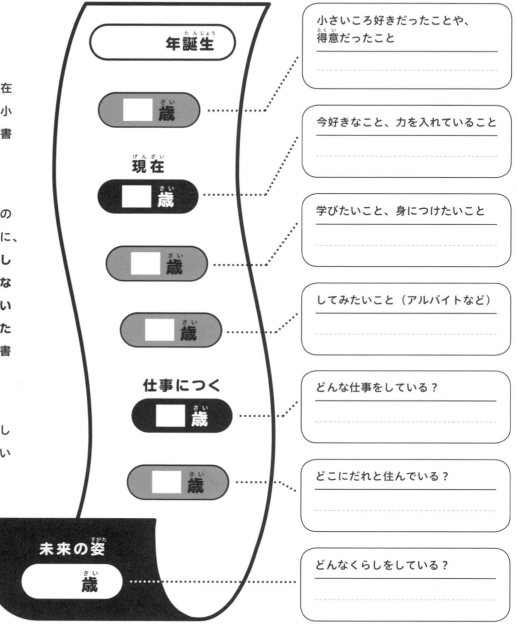

年誕生

小さいころ好きだったことや、得意だったこと

□歳

今好きなこと、力を入れていること

現在
□歳

学びたいこと、身につけたいこと

□歳

してみたいこと（アルバイトなど）

□歳

仕事につく
□歳

どんな仕事をしている？

□歳

どこにだれと住んでいる？

未来の姿
□歳

どんなくらしをしている？

STEP2

なりたい自分に近づくために必要なことは何か、課題は何か、考えてみましょう。

なりたい自分に近づくために必要なこと

気づいたこと